R 19311

1751

Formey, Jean-Henri Samuel

Système du vrai bonheur

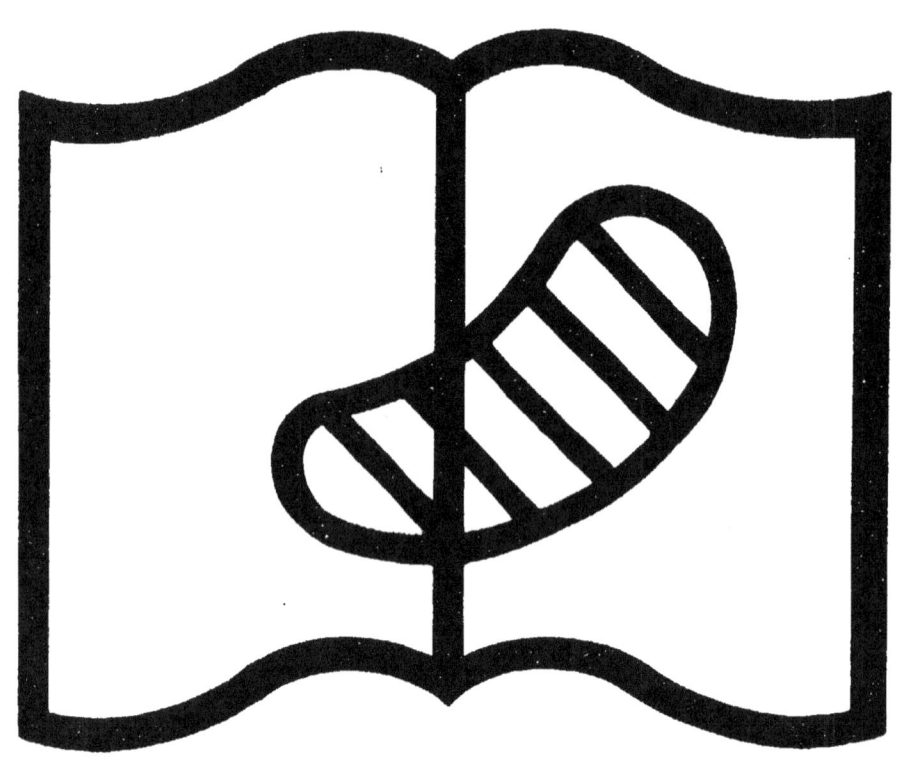

Symbole applicable
pour tout, ou partie
des documents microfilmés

Original illisible

NF Z 43-120-10

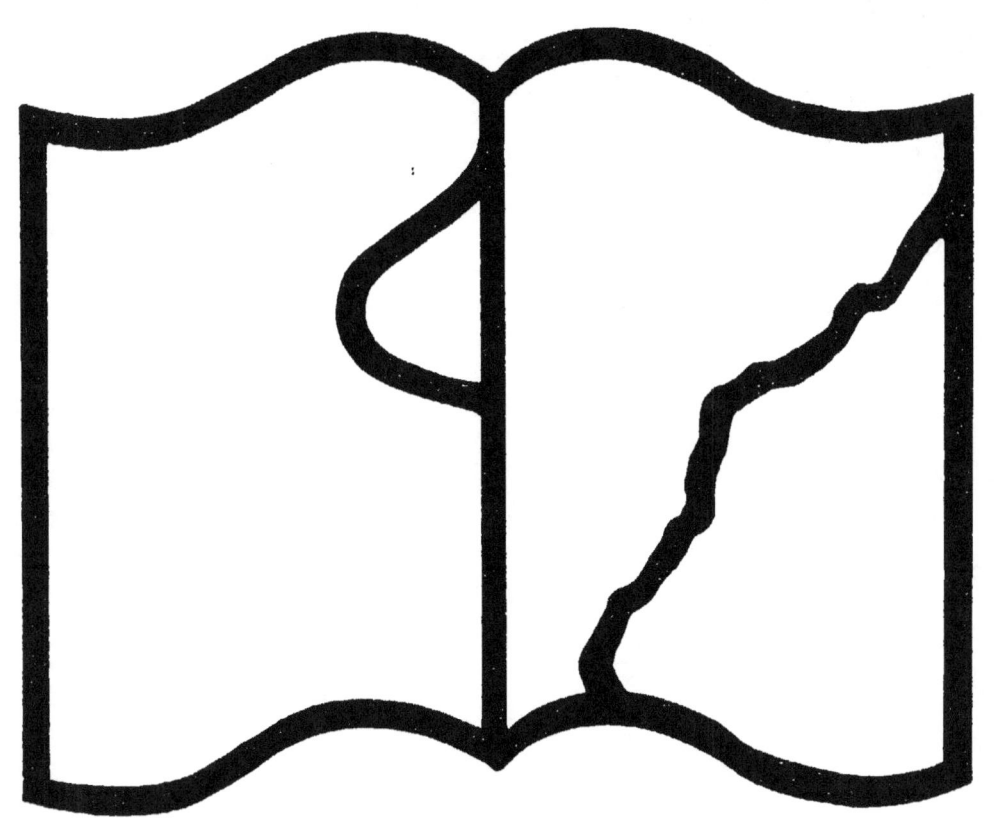

Symbole applicable
pour tout, ou partie
des documents microfilmés

Texte détérioré — reliure défectueuse

NF Z 43-120-11

10311

SYSTESME
DU
VRAI BONHEUR.

SYSTESME DU VRAI BONHEUR.

Par M. FORMEY.

Neve putes alium sapiente bonoque beatum.
HORAT.

A UTRECHT,

Chez SORLI, Libraire.

———

M. DCC. LI.

AVANT-PROPOS.

IL n'y a qu'un rôle qu'on puisse soutenir avec un succès infaillible dans le monde, c'est celui de la Vertu ; parce que, suivant la Doctrine du Systême qu'on va lire, c'est la vraie & unique destination de l'homme. Mais il faut prendre garde à ne pas se laisser tromper par l'abus perpétuel que les hommes font du respectable nom de VERTU. Les gens les plus déréglés dans leur conduite, s'arrogent le titre de gens d'honneur, & ce prétendu honneur ils le mettent à la place de la Vertu, dont à peine est il le fantôme. Les Ouvrages où l'on sappe toutes sortes de principes, osent se parer de maximes spécieuses, mais qui n'en imposent qu'à ceux dont l'aveuglement est volontaire.

Il n'y a point de Vertu, là où manquent les seuls motifs propres à la produire, ces motifs sont, le désir constant de sa propre perfection, l'affection sincére pour les autres hommes, l'amour dominant de l'Etre Suprême. Tout ce qui ne sçauroit subir l'épreuve de ces pierres de touche, est de faux-aloi.

C'est pourtant encore un grand bien que les hommes n'osent se dispenser d'employer le mot de Vertu, & d'en revêtir du moins les apparences. Ils lui rendent par ce moyen un hommage d'autant plus glorieux, qu'il est comme arraché par cette évidence qui caractérisent le

Bon, auſſi-bien que le Vrai; cette évidence de ſentiment, ce sens Moral, ſur lequel un Philoſophe Anglois nous a fourni d'excellentes Réflexions.

Les Ecrivains licencieux de notre tems ont beau faire ; ils ont beau entaſſer ſophiſmes ſur ſophiſmes, ſaillies ſur ſaillies, blaſphêmes ſur blaſphêmes; non-ſeulement ils ne détruiront pas la Religion, cet Ouvrage du Tout-Puiſſant, qui eſt ſi fort au-deſſus de toutes leurs atteintes ; mais la

Nature seule est plus forte qu'eux & triomphera toujours de leurs impuissans assauts. Ils croyent avoir la Nature pour eux & dans leurs intérêts, parce qu'ils la confondent avec les penchans corrompus, & les désordres du vice. Mais qu'ils apprennent à la connoître ! La NATURE est cette voix intérieure de la raison, qui nous appelle à la recherche de la Vérité & à l'amour de la Vertu. L'étourdissement, l'yvresse, où tant d'hommes ont le malheur de se plonger, peuvent empêcher pendant quelque tems que cette voix ne se fasse entendre : mais il est rare que cet état violent soit de durée, c'est un accès de délire, auquel succéde un retour de Réflexions, qui change bien la scéne des idées. Malheureux ceux chez qui ce retour est trop tardif! Plus malheureux encore ceux dont l'aliénation est invincible ! Mais s'il y en a de tels, leur état ne prouve pas plus contre les vérités qu'ils nient que les égaremens d'une folie incurable contre les notions du sens commun.

On peut dire qu'il y a un grand Procès qui dure perpétuellement entre Dieu & le Monde. Les hommes s'y montrent ce qu'ils sont presque par-tout ailleurs ; ingrats, injustes, faux & désespérément malins. Dieu y paroît, tel qu'il est de toute éternité. Il plaide sa cause par toutes ces marques éclatantes de ses perfections qui brillent de quelque côté qu'on tourne les yeux, par tous ces témoignages de support & de bonté qui devroient fléchir les cœurs les plus durs. L'effet naturel de la longue attente de Dieu, seroit la conversion des Pécheurs; & par le plus grand de tous les crimes, ils y puisent de nouveaux motifs d'endurcissement. Mais la décision solemnelle de ce Procès s'approche tous les jours, tous les subterfuges que Dieu tolére à présent par des raisons dignes de sa sagesse, seront alors confondus; un arrêt infaillible sera suivi d'une exécution inévitable.

SYSTESME
DU
VRAI BONHEUR

J'AI à fournir dans ce monde visible une carriére, qu'on appelle la Vie. Sa durée est renfermée dans des limites fort étroites. Cependant je puis la fournir de bien des maniéres différentes. J'apperçois plusieurs plans de conduite possibles, dont chacun a ses régles particuliéres, & mene à des conséquences qui lui sont propres. Tous ces plans ne sçauroient être également bons; & leur prix dépend de leur véritable utilité.

Il est incontestable que j'ai la faculté de faire un choix, & après avoir comparé entr'eux les objets proposés à ce choix, de donner la préférence à l'un d'entr'eux. Mais il n'est pas moins incontestable que je ne dois pas faire ce choix, les yeux fermés, sans réflexion, & sans examen. Tout au contraire il me convient d'employer toutes les forces de mon esprit à découvrir quelle est la route la plus sûre, la plus honnête, & la plus avantageuse.

J'ai déja eu occasion de me convaincre par plusieurs expériences, qui concernoient des choses moins importantes, qu'il ne dépend pas de moi de me délivrer du sentiment incommode du repentir, après avoir commis certaines actions. A plus forte raison serois-je en proye à ce sentiment, & aurois-je des reproches éternels à me faire, si je n'apportois l'attention la plus sérieuse à ce qui doit régler toute la conduite de ma vie, à ce qui constitue proprement & essentiellement ma perfection. Il est bien tems que je m'instruise une fois, pourquoi j'existe, & quel est l'usage le plus raisonnable que je puisse faire de mon existence. Jamais objet ne fut plus digne de mes recherches.

L'imitation des hommes qui

m'environnent, & avec lesquels je suis appellé à vivre, ne sçauroit être un principe suffisant pour régler ma conduite. Mais quand même je voudrois prendre ces hommes pour guides, ils me jetteroient dans un étrange embarras. Je les vois qui se séparent en une infinité de routes différentes; cette vûe m'étonne, me confond, redouble mes incertitudes. J'aurai plutôt fait de démêler moi-même la meilleure voie, que de m'en fier à des gens si peu d'accord entr'eux, & souvent si peu d'accord avec eux-mêmes. J'entreprens un examen qui puisse me conduire à la certitude; c'est le but auquel je tends, & j'espére d'y arriver.

Ce

Ce que je comprends d'abord, & sans la moindre peine, c'est que les richesses & les honneurs, malgré l'ardeur avec laquelle les hommes les défirent, & les efforts qu'ils font pour y arriver, ne sçauroient absolument être les véritables fins de nos actions, & qu'on ne doit les regarder que comme de simples moyens d'arriver à des fins plus nobles, & d'obtenir des biens plus excellens. Rien de plus vuide, de plus faux, de plus imaginaire, que la félicité dont nous jouissons dans la possession : arrivés à cette possession, au comble de nos vœux à cet égard, nous pouvons encore être malheureux en mille maniéres, & nous le sommes infailliblement bien-tôt, dès que nous n'avons pas porté nos vûes au-delà. Si je n'étois fusceptible d'autres fenfations que de celles du plaifir & de la douleur, qui naiffent des objets fenfibles, fi avec cela j'étois le maître de me procurer les premiers, & d'écarter les autres; fi j'avois en un mot un empire fur mes fens & mon imagination, qui me mît en état de fatisfaire continuellement mes défirs, ne fut-ce qu'en les nourriffant de chiméres, & d'idées fantafliques, peut-être me réfoudrois-je à me contenter de ce bonheur illufoire. Il n'y auroit point de différence entre une illufion qui ne fe démentiroit jamais, & la réalité. Mais je fuis trop convaincu par un fentiment intérieur qu'on ne sçauroit être heureux à si peu de frais. Tant qu'il existe dans la Nature des choses réelles & essentielles, auxquelles mes désirs peuvent s'élever, je ne sçaurois me borner à des songes, & si je le fais, je me rends inexcusable à mes propres yeux.

Mais quoi ! les plaisirs des sens sont-ils destitués de réalité ? Ne suis-je pas au contraire forcé de convenir qu'ils déployent en moi des effets d'une efficace palpable ? Ils m'appellent, & secondés par la Nature, ils m'entraînent. Ils m'ouvrent des sources de volupté, où je puise à longs traits, ils m'inondent, ils m'absorbent de délices. Ne serois-je donc pas né pour rechercher ces plaisirs, & ma destination ne confifteroit-elle pas à en jouir ? Une pente, véritablement innée en moi, ne me juftifie-t-elle pas toutes les fois que je céde à mes défirs ? Formé pour le contentement, que me refte-t-il à fouhaiter, & qu'irai-je chercher au-delà, s'il eft vrai que je fois effectivement content ? Et ne le fuis-je pas, dès que je me trouve dans une fituation, où je puis ne me rien refufer ?

L'expérience femble venir au fecours de ces raifons. Quand je penfe à cette douce yvreffe, dans laquelle peut me plonger une fuite non interrompue de plaifirs fenfibles, qui fe renouvellent à chaque inftant, quand je me repréfente la courte durée de ma vie, comme s'écoulant dans cette yvresse, il me semble que je n'ai plus rien à souhaiter. A quoi bon résisterai-je à un désir, qui s'élève au-dedans de moi, dans le tems que je sçai qu'il porte avec lui sa récompense, & que son accomplissement est un plaisir infaillible ? Des conséquences éloignées, incertaines, peut-être imaginaires, la crainte d'un avenir douteux, viendront-elles empoisonner un tems, que je puis employer si agréablement à exciter sans cesse de nouveaux désirs, & à les satisfaire sans cesse ? Que manque-t-il au bonheur d'un homme que les fumées d'un vin exquis égayent, & jettent dans un agréable délire ? Que manquera-t-il au mien, si j'arrive à un semblable état ? Que me manquera-t-il, si j'occupe continuellement mon ame, en lui fournissant les choses, vers lesquelles elle se porte d'elle-même, & si j'ai l'art ingénieux de serrer si étroitement la chaîne des plaisirs, qu'il ne reste aucun espace vuide pour le dégoût, ni même pour d'importunes réflexions ? La Nature & la Société offrent des sources de plaisir si abondantes, si inépuisables, que mes sens ne demeureront jamais oisifs, tant que je voudrai m'occuper à les exercer.

Ces sollicitations sont pressantes ; elles paroissent persuasives. Cependant j'y démêle quelque chose de suspect. Il semble qu'on cherche plus à m'éblouir & à m'étourdir qu'à me convaincre. Mon ame n'eſt pas encore tranquille, il lui faut de plus fortes aſſurances, elle demande des fondemens plus ſolides pour y bâtir l'édifice de ſon bonheur, & pour le mettre en état de n'en point craindre la chûte.

La premiere cauſe de ma défiance vient de la contemplation même de cette félicité, à laquelle on me propoſe de participer. Je vois ces hommes qui prétendent en jouir, je les vois, je les ſuis de l'œil dans cette ſucceſſion raviſſante de plaiſirs qu'ils m'ont tant vantée; j'ai vû naître un déſir en eux; je l'ai vû ſuivi d'un prompt accompliſſement; je les vois paſfer comme l'éclair à un autre désir, & déja ils sont au comble de la jouissance. Tout séduisant qu'est le coup d'œil de cet état, il y a pourtant bien des choses qui m'y déplaisent souverainement. Je hais cette ardeur inquiéte, qui ne permet pas à l'ame de se fixer un instant à quoi que ce soit, & qui lui enleve son prétendu bonheur au moment qu'elle le saisit. Je hais cette dépendance continuelle, qui rend la partie supérieure & intelligente de l'ame, assujettie à la partie inférieure & animale. Je hais .... Mais que parlai-je de plaisir & de bonheur ? Où sont i!s ? Je n'en vois pas même la trace. Cet océan de voluptés est tari jusqu'à la derniere goutte. Ces brillantes décorations de Théâtre ont difparu comme un enchantement. O que la fcéne a changé de face ! Celui-ci foupire dans l'indigence : la prodigalité, les excès l'y ont jetté, & parce qu'il a malheureufement épuifé fes fens, & ruiné fon goût dans la jouiffance des plaifirs rafinés & artificiels, il eft privé de la confolante reffource de pouvoir au moins jouir des plaifirs fimples & naturels. Cet autre eft aux prifes avec les maladies & les douleurs, qui oppofent une barriére invinfible à toutes les fenfations agréables. C'eft donc là le fruit du zéle impétueux, avec lequel ils avoient réduit en pratique cette régle fondamentale de leur conduite : QU'ON NE DOIT RIEN

SE REFUSER. Il s'en faut infiniment aujourd'hui, que le souvenir de leurs plaisirs passés, & de tout ce qu'ils ont fait pour en jouir, puisse assurer leur repos. Ces idées sont plutôt autant d'épines qui les piquent perpétuellement ; ne craignons point d'en trop dire, ce sont autant de furies, qui les déchirent impitoyablement.

A cette vûe je me sens rempli d'effroi. Voudrois-je donc être à leur place? Voudrois-je seulement m'exposer au risque apparent d'y être un jour ? Ne suis-je au monde que pour m'occuper de ce qui flatte mes sensations ? C'est une chose bien fâcheuse, que les objets les plus désirables ici bas, dans le même tems qu'ils nous comblent de contentement, soient propres à nous inonder bien-tôt après de la plus vive amertume. Je dois donc apporter les limitations les plus exactes à l'observation de la régle, qui me prescrit de chercher mon bonheur dans la jouissance des choses sensibles. Je dois me modérer tellement dans cette jouissance, que je demeure à l'abri de tous les sinistres effets, qui peuvent en résulter. C'est là le grand point, le principal secret d'une science, à laquelle les Génies les plus subtils ont donné depuis long-tems toute leur application : c'est en cela que consistent proprement & uniquement L'ART DE VIVRE.

C'est sans contredit un art précieux que celui qui m'apprend à séparer, à extraire, pour ainsi dire, toutes les douceurs de la volupté, & à laisser au fonds du calice ce sédiment grossier & amer, qui est l'infaillible partage de ceux qui s'abandonnent aux excès. Quand même il m'en couteroit quelque chose de garder la modération, & les précautions qu'impose cet art, j'en suis bien récompensé par deux avantages inestimables, l'exemption du dégoût, & celle des douleurs qui viennent à la suite de l'abus du plaisir. La dose de volupté est peut-être un peu moins forte, mais elle est plus délicate, & plus durable. Jamais les soucis rongeans ne se glissent dans mon cœur, uniquement accessible à la joie. La suite des états agréables par lesquels je passe, laisse à la vérité des intervalles libres à la réflexion & à la prévoyance, mais il ne s'y en trouve point qui puissent être occupés par les angoisses, les allarmes, les terreurs imaginaires. Je n'opprime point ma raison ; je l'employe d'une maniére convenable à son vrai but, c'est-à-dire, qu'ayant été formé pour sentir, je m'en sers pour exciter & pour entretenir des sensations agréables. De cette maniére ma vie coule, comme un ruisseau tranquille à travers une prairie émaillée de fleurs.

La conclusion de tout cet arrangement si spécieux, c'est que la Nature, en faisant l'homme, s'est proposé d'en faire un voluptueux délicat. Mon nouveau syſtême ſe réduit à goûter pendant un certain tems les douceurs de cette vie, avec la circonſpection la plus attentive. Mais j'ai beau faire : il y a certains momens, où je trouve qu'il me manque quelque choſe. Tous mes efforts ne ſçauroient écarter l'ennui & le chagrin, je commence à être inquiet, & cet état fait de tels progrès, qu'inſenſiblement tout me devient à charge, & que je le ſuis à moi-même. Je me répands, je cherche à me diſtraire ; mais ſi je réuſſis, ce n'eſt que pour un moment, & je retombe auſſi-tôt dans ma mélancolie. J'ai recours à mes anciens plaiſirs, à mes plaiſirs d'habitude, même les plus innocens ; mais dans ces heures d'obscurité il ne me reste plus de goût pour rien ; je ne reconnois plus ces situations, qui avoient tant de charmes pour moi ; mon ame repousse en quelque sorte tout ce qui s'approche pour la soulager, elle se dérobe à des fantômes importuns de satisfaction, pour se livrer tout entiére à l'agitation & à l'embarras de ses idées. Je trouve au-dedans de moi un fonds d'accablement, qui amortit toutes mes facultés, un vuide secret qui m'étonne & m'attriste. Hélas ! que mon sort est à plaindre ! Que veux-je ! Et où chercher du secours ?

Au moins suis-je convaincu présentement que les mouvemens

agréables dont les organes de mes sens sont susceptibles, ne sçauroient remplir la capacité de mon ame; il y reste encore des abîmes profonds, qui ne sçauroient être comblés que par des joies d'une toute autre nature. Où trouverai-je ce rassasiement inconnu, après lequel mon esprit affamé & altéré soupire avec tant de véhémence & de perplexité ?

Quand j'écarte les nuages de toutes les choses sensibles, pour rentrer en moi-même, je m'apperçois que je peux recevoir des améliorations réelles, m'élever à des perfections considérables, jouir d'avantages importans ; je sens même que suis poussé par la Nature à tendre vers ce but, &
que

que la seule idée de pouvoir y arriver, produit déja en moi un genre de contentement, auquel mon ame acquiesce plus volontiers, qu'elle ne faisoit à l'illusion des plaisirs sensibles. La santé, la vigueur & l'agilité de mon corps, exigent déja par elles-mêmes que je m'applique à les conserver ; même sans aucune vûe immédiatement relative aux plaisirs, dont mes sens peuvent être rendus participans par leur secours. Mais les prérogatives de mon esprit sont encore bien plus satisfaisantes pour moi, quand je viens à les appercevoir, quand je découvre les forces de cet esprit, & que j'en observe l'accroissement. Je vois qu'en suivant la route qui s'ouvre ici à mes yeux, je deviens un tout autre Etre, un Etre beaucoup meilleur, un Etre d'une claſſe d'autant ſupérieure, que les diverſes facultés qui ſe dévelopent en moi, acquiérent de nouveaux dégrés. Je vais donc m'occuper à creuſer ſans relâche cette mine féconde de plaiſir. Je vais fixer toute mon activité, réunir tous mes efforts, pour augmenter la perfection de mon eſprit. J'enrichirai ma mémoire, je rendrai mes idées plus claires, j'en acquerrai de diſtinctes, autant qu'il me ſera poſſible, je cultiverai mon entendement, j'étendrai ſes vûes, j'affermirai la liaiſon de ſes principes, je le conduirai par les routes infaillibles de la démonſtration, à travers les écueils de l'ignorance, & de l'erreur. Je ne me lasserai jamais d'élever toutes ces facultés de dégrés en dégrés, bien assuré qu'à chacun de ces dégrés je verrai le trésor de mes vraies richesses s'accroître, la source de mon bonheur réel se grossir, & couler avec plus d'abondance. C'est pour moi-même que je vais travailler, & n'ayant point à craindre les traverses qui troublent & font échouer toutes les autres entreprises humaines, je puis me réjouir d'avance du fruit de mes travaux.

Il n'y a rien dans toutes les résolutions que je viens de prendre, qui ne s'accorde avec ma Nature. Mais ce n'est pas encore assez. Je vois une multitude immense d'Etres autour de moi, & je me fais à moi-même cette queſtion. Tous ces Etres exiſtent-ils pour l'amour de moi ? Mon bien, mes avantages, ſont-ils leur unique deſtination ? N'y a-t-il d'autre relation entr'eux & moi, ſinon que je ſuis un centre, auquel ils doivent tous aboutir ? Me dois-je tellement tout à moi-même, que je ne ſois redevable de rien aux autres ? La Nature ne m'a-t-elle propoſé d'autre but, ne m'a-t-elle inſpiré d'autre déſir, que celui de mon avantage perſonnel ?

Pour me décider à cet égard, je reviens avec une nouvelle attention à l'examen de moi-même, je me rappelle tous les mouvemens, tous les ſentimens, qui ſe font excités en moi, dans les situations variées par lesquelles j'ai passé, & je découvre d'une manière incontestable, qu'il y a encore d'autres objets vers lesquels mon ame se porte, d'autres plaisirs qui lui conviennent. Il m'est souvent arrivé, à mon grand étonnement, d'éprouver des penchans & des impressions, qui ne se rapportoient, ni à l'amour des plaisirs sensibles, ni même à mon propre intérêt? D'où naissent en moi cette approbation, cet acquiescement, que je donne aux actions qui me paroissent honnêtes, ce déplaisir, cette espéce de révolte, que m'inspirent les actions que j'estime deshonnêtes. Qu'est-ce qui m'empêche de garder le silen-

C iij

ce fur ce dépôt qui m'a été confié, dont perfonne n'a aucune connoiffance, & qu'il ne tient qu'à moi de m'approprier au préjudice d'un héritier légitime ? Quel étoit le principe de cette vive joie, que j'ai reffentie, en délivrant un innocent, étranger d'ailleurs auquel je ne prends aucun intérêt, du péril dans lequel de fauffes accufations l'avoient jetté ? Que ces fentimens tirent leur origine d'où l'on voudra, il eft du moins vifible que ce n'eft, ni du goût des plaifirs fenfibles, ni du défir d'améliorer mon propre état. Il faut donc qu'il y ait en moi une fource de penchans tout différens de ceux-là. Je ne fuis pas en droit de les rejetter comme une fimple fantaifie : je me trouve naturellement & immuablement déterminé à fuivre cette impreffion ; je me condamne, & je me déplais à moimême, quand j'y réfifte. Tout cela mérite mes plus férieufes réflexions ; duffent-elles me coûter tous les agrémens, & toutes les commodités de ma philofophie précédente, c'eft un facrifice que je ne puis me difpenfer de faire.

Oui, rien n'eft plus vrai, je voudrois envain le nier, je trouve en moi des fentimens, dans lefquels je m'oublie entiérement moi-même, & je goûte une véritable douceur, fans avoir la moindre vûe qui fe rapporte à mon avantage direct. De tous autres objets m'occupent, ce font les idées du bien

& de l'ordre en général, leur prix, leur excellence, que le caprice de ma volonté n'a point produits, & que ce même caprice ne sçauroit non plus détruire. Il y a dans mon ame un penchant inné, & invincible, vers tout ce qui est décent, honnête, juste, généreux & magnanime, un goût essentiel pour la beauté, l'harmonie, la perfection, considérées en général, mais sur-tout manifestées dans les opérations des Etres intelligens & libres. Comment expliquerai-je la honte, cette affection si incommode, & qui différe néanmoins essentiellement de la crainte ? Que penser de ce repentir, qui n'est point causé par l'inquiétude d'être exposé aux suites fâcheuses d'une mauvaife action ? Pourquoi mettons-nous une fi grande différence entre l'affront, ou le tort, que nous avons reçu, lorfqu'il part d'un enfant, ou d'un infenfé, & lorfque c'eft l'effet du propos délibéré, de la malice d'un homme, qui jouit du libre exercice de fa raifon ? Toutes ces idées & ces difpofitions fe trouveroient-elles en moi, s'il n'y avoit dans mon ame une impreffion naturelle de l'honnête & du deshonnête, du beau & du laid, du jufte & de l'injufte ?

Peut-être que cette voix de la Nature a été d'abord en quelque forte étouffée par le bruyant tumulte des objets fenfibles, qui dès mon entrée dans le monde m'ont environné & pressé de toutes parts ; mais l'attention & la réflexion m'apprennent aujourd'hui, que la privation de ce sentiment morale, quelle qu'ait été la cause qui m'en a privé, étoit un véritable défaut, une imperfection réelle dans ma Nature. Ou bien, si c'est moi-même qui ai combattu ces impressions naturelles, qui les ai empêché d'agir sur mon ame, & qui les ai obligé à céder à la puissance tyrannique des passions & de l'amour propre, que je dois sçavoir ce qu'il m'en a couté, avant que de les réduire sous le joug. Il n'a pas fallu moins de travail assurément que pour plier les branches d'un arbre, & leur faire prendre une figure conforme aux desseins du Jardinier. Tant que je n'en suis pas venu jusques-là, je remarque clairement cette différence entre mes désirs ; c'est que les uns se rapportent directement à moi, tandis que les autres ont pour objet le bien commun, ou en général, le bon, & le beau. Les uns & les autres se réunissent dans le caractére de leurs effets ; mon ame trouve également une source de satisfaction dans leur accomplissement.

Ainsi tombe entiérement la supposition qu'on voudroit faire, que le penchant qui nous porte vers le juste & le bon, est un simple préjugé, une suite de l'éducation. Si cela étoit possible, je ne sçai pourquoi les désirs qui ont pour objet la jouissance des choses sensibles, & qui se rapportent à ma propre utilité, ne seroient pas également un préjugé, une suite de l'éducation. Il est certain que je profite avec plaisir d'une sensation agréable, ou de tout autre avantage, dont je puis être rendu participant; mais il n'est pas moins certain que j'aime mieux jouir de ces biens, sans qu'il en résulte aucun dommage pour autrui, qu'en causant du dommage, surtout à une personne qui ne l'a point mérité.

C'est donc ici proprement que je découvre l'origine de ce qu'on nomme beau, grand, noble, dans les actions. C'est ici que je saisis la vraye & extrême différence qu'il y a entre l'honnête & l'utile. Une action peut être avantageuse pour moi; elle peut avoir des caractéres de prudence & d'habileté: mais il est impossible qu'il s'y trouve de la noblesse, de la beauté, si elle n'a pas proprement pour but le bien d'autrui, ou le bien universel. Tout le monde pense de la sorte, & l'on porte des jugemens fondés sur ce principe dans les cas les plus ordinaires de la vie humaine.

Il est donc certain qu'il existe en moi une sorte de penchans, qui forme une source d'actions, essentiellement différentes de celles qui découlent de l'amour propre, & néanmoins également essentielles à ma Nature. Ce principe a même une telle force, qu'il s'empare quelquefois entiérement de mon ame, qu'il abſorbe toutes les autres ſenſations, & qu'il me comble de plaiſir ou de douleur. Quand j'obſerve, ne fut-ce que d'un coup d'œil, ce qui ſe paſſe dans mon intérieur, quand je vois la régularité régner dans mes ſenſations, l'ordre dans mes déſirs, l'harmonie dans mes actions; quand je vois que tout eſt VRAI dans mon ame, que tout s'y accorde avec les rapports eſſentiels des choſes, cette contemplation me jette dans un état délicieux, qui triomphe ſans peine de tous les déplaiſirs des ſens. Et réciproquement, ce qu'il y a de plus délicat & de plus vif dans les plaiſirs des sens ne sçauroit me mettre à l'aise, tant que je suis tourmenté par la vûe d'un désordre intérieur. C'est inutilement que je voudrois échapper à moi même ; le tourbillon impétueux, qui semble m'enlever, les joies les plus bruyantes, par lesquelles je cherche à m'étourdir, ne sçauroient me dérober aux poursuites d'un accusateur, dont la voix, toute secrette qu'elle est, s'éleve au-dessus de ces clameurs.

Ne pouvant plus méconnoître la constitution originaire de ma Nature, j'irois la heurter de front, & me mettre en contradiction avec elle, si je bornois désormais mes vûes à moi-même, à mes plaisirs, à mes avantages.

Je vois préfentement où la Nature veut me conduire, cette Nature dans fon état d'intégrité, qui n'a pas été défigurée & dépravée par la corruption. Je veux la fuivre fidélement, par tout où elle voudra guider mes pas.

Je ne renoncerai point à la recherche des chofes qui me font agréables, ou utiles ; mais cette recherche ne fera jamais la feule dont je m'occuperai, je n'y ferai point confifter le but de ma deftination, & le principe de ma perfection.

Ce corps, où mon ame loge, doit être confervé, & c'eft là la fin raifonnable, pour laquelle m'ont été donnés les défirs qui m'attachent aux plaifirs des fens.

Je

Je suis une partie du grand Tout, mais plus lié à moi-même qu'à toutes les autres ; il n'y a personne à qui je puisse être utile aussi promptement & aussi aisément qu'à moi ; & de là me vient ce désir, qui m'abandonne rarement, de convertir premiérement à mon usage & à mon profit tout ce qui peut y être appliqué. Je sçais aussi que les incommodités & les douleurs qui affectent mes sens, affoiblissent toujours de quelques dégrés le plus riant période de contentement, dont je puisse jouir. Je veux donc être attentif & soumis aux ordres de la Nature, qui m'impose la loi d'éviter tout ce qui peut faire naître ces divers maux.

D

Cependant ma principale affaire sera constamment de ne rien faire qui aille à opprimer, ou détruire, ces penchans plus élevés & plus nobles que j'ai découverts dans mon ame; ces penchans, desquels je me suis suffisamment assuré, qu'à eux seuls appartient l'empire de mes actions.

Je travaillerai plutôt à fortifier de jour en jour cette pente vers le bien, qui est naturelle en moi, & à la satisfaire de toutes les maniéres possibles. La félicité du genre humain a tant de charmes pour moi, qu'elle fera toujours une partie essentielle de la mienne propre, & qu'elle influera par conséquent sur toutes mes démarches. Défendre les innocens, soulager les

malheureux, délivrer les opprimés, voilà les plaisirs auxquels je veux m'abandonner sans réserve, je mettrai ma principale gloire dans cette tendresse d'un bon cœur, que la Nature notre commune mere a voulu nous inspirer à tous. Je ne puis plus penser à être heureux, en conservant un fonds d'insensibilité & de dureté pour les infortunes de tant d'autres Etres semblables à moi, qui poussent les mêmes vœux. Non, il y a un Législateur au dedans de moi qui me prescrit de toutes autres dispositions ; je veux l'écouter.
» Sois juste envers tous les hom-
» mes, me dit-il, droit dans toute
» ta conduite, reconnoissant en-
» vers tes bienfaiteurs, généreux à

» l'égard de tes ennemis, aimes en
» un mot tous ces Etres avec lef-
» quels tu es en communauté de
» nature & d'habitation, aimes-
» les dans le fens le plus étendu,
» & fans la moindre reftriction. »
Ce font là autant d'Oracles de la
Nature, énoncés par la raifon.
Les fuivre, c'eft donner à mon
ame toute la force & toute la perfection, qui peuvent être fon partage, & c'eft en même-tems fe livrer à la plus agréable de toutes
les occupations. Je ne veux plus
chercher de plaifir qu'à découvrir
la beauté, la bonté, l'ordre (je
puis bien ajouter le bonheur, qui
en eft inféparable,) par tout où
ces chofes fe trouvent.

Je me fuis apperçu de la maniére la plus claire qu'il y a une infinité de relations, qui me lient aux autres Etres, & qui les lient à moi; je n'aurai d'autre soin que de régler mes sentimens, mes penchans, & mes actions, avec tant d'exactitude qu'ils soient toujours dans un parfait accord avec ces relations. Il n'est pas en mon pouvoir de faire qu'un homme qui a été mon bienfaiteur, ne soit pas mon bienfaiteur, qu'un Etre qui est meilleur & plus excellent que moi, me soit égal, ou inférieur. N'y auroit-il donc pas un travers insensé de ma part, à refuser au premier ma reconnoissance, & à l'autre mon respect? De quel droit irois-je contredire à l'essence immuable des choses, & me soulever contre la Loi suprême de la vérité.

Je suis parvenu par cette route à la connoissance des Loix éternelles de la Justice & de l'Ordre. Je me suis convaincu qu'il est également hors de mon pouvoir de changer, & les relations des choses, d'où découlent ces régles, & les sentimens qui y répondent en moi. Ainsi, à moins que je ne veuille prononcer ma propre condamnation, je dois demeurer exactement renfermé dans l'enceinte de ces limites sacrées, & ne jamais les franchir.

Ma perfection, & mon bonheur, consisteront présentement à suivre dans toutes mes actions les respectables maximes de la vérité, sans m'en laisser détourner par le tumulte des passions, ou par les sollicitations de l'amour propre. Le sentiment de ce qui est droit & convenable, ce sentiment si beau & si pur, fera ma plus grande & ma plus étroite obligation. A chaque instant de ma vie, je ne me proposerai d'être que ce que ma Nature, & la Nature universelle des choses, veulent que je sois.

C'est ainsi que je verrai s'établir dans mon ame un équilibre, que j'y ferai régner, un calme, une paix, que toutes les attaques du dehors ne pourront jamais troubler. Je ne sçaurois, il est vrai, me mettre à l'abri de tant d'accidens fâcheux, auxquels la vie est continuellement exposée ; mais au moins serai-je exempt de cette honte, de ce répentir, de ces cuisans remorts, qui aggravent infiniment ces catastrophes. Tout le mal, qui peut atteindre jusqu'à moi, n'a de prise que sur mon corps ; jamais ses fureurs, & ses ravages n'arriveront jusqu'à mon ame, tant que je pourrai jetter un regard d'approbation sur ma conduite, tant que j'aurai droit de me dire à moi-même ; JE FAIS CE QUE JE DOIS : JE SUIS CE QUE JE DOIS ETRE. Cette seule idée fournit la source inépuisable d'une égalité d'ame, dont la douce tranquillité vaut mille fois mieux que le bruyant fracas des plaisirs du siécle. Ce genre exquis de contenrement ne fera peut-être d'abord sur moi, qu'une foible impression, mais néanmoins elle sera inaltérable; & plus j'aurai exercé mon goût à savourer la vérité, la beauté, & l'ordre, plus ce goût s'épurera, se rafinera, & deviendra propre à sentir des plaisirs d'un ordre supérieur. Cette disposition de mon ame ne m'abandonnera plus dans toutes les circonstances de ma vie, dans toutes les situations, par lesquelles le sort me fera passer. Quel que je sois dans le monde, j'y serai heureux, parce que j'y serai droit & vertueux.

Cette carriére étant une fois ouverte, je n'ai qu'à la suivre pour rencontrer à chaque pas toute la Nature, pour ainsi dire, empresfée à combler la mesure de ma joie. Depuis que j'ai contracté l'habitude de ne laisser échapper aucune trace de beauté & de régularité, sans y donner mon attention, je vois ses traces se multiplier à l'infini, de quelque côté que ma vûe se tourne. Tout est ordre; tout est proportion; tout est par conséquent propre à faire naître le plaisir, l'amour & la joie. Que je trouve de petitesse & de bassesse dans le faux éclat du faste, du luxe, de la pompe, & des grandeurs humaines, que tout cela me paroît méprisable; quand je me livre à la contemplation de ce magnifique Univers, brillant de l'éclat le plus vif! Que je trouve peu de solidité dans les émotions tumultueuses que causent les Fêtes & les Spectacles, lorsque je les compare à la situation délicieuse où peuvent me jetter, la vûe d'une prairie émaillée de fleurs, l'ouie du doux murmure d'un ruisseau qui y serpente, le silence même d'une belle nuit, & l'aspect de cette voûte étoilée, où roulent avec tant de majesté ces Globes si brillans, qui ne cessent d'annoncer la gloire de leur Créateur ! Les choses même que la Nature a mises le plus à ma portée, & qu'elle a rendu les plus communes, peuvent faire naître en mille maniéres dans mon ame des impressions vraiment & purement agréables, pourvû que cette ame soit disposée à les recevoir ;

& qu'elle n'y apporte pas des obstacles volontaires par les désordres où elle se plaît, par les goûts faux & dépravés qu'elle nourrit. Oui, mon ame embrasse toute la Nature avec un dégré de tendresse & d'affection fort supérieur à celui qui naît des sens : aussi sa satisfaction n'est-elle pas renfermée dans les bornes étroites & incertaines, qui terminent celle des hommes sensuels. Je me pers avec ravissement dans la méditation de cette beauté universelle, dont je tâche d'être moi-même une partie, qui ne soit pas discordante au tout.

En continuant le fil de ces réflexions, qui m'élévent si haut, il me vient une idée, qui me jette dans un étonnement beaucoup plus grand encore. Des Etres, qui malgré leurs limitations poffédent déja tant de beauté; des mondes liés, & dans leurs parties, & entr'eux, avec tant de régularité : un tout qui n'eft qu'ordre, depuis le plus petit grain de pouffiére jufqu'à la maffe la plus étendue, depuis la plus vile portion de matiére jufqu'à l'intelligence la plus fublime; un tout, qui malgré le nombre innombrable de fes parties eft dans le fens le plus rigoureux UN; cela me conduit néceffairement à un Etre, qui foit l'original de toutes ces perfections, la beauté par excellence, la fource premiere & univerfelle de l'ordre. Ah! quelle penfée! Il y a donc un principe, duquel dépendent toutes ces merveilles, qui ont fait jusqu'à préfent l'objet de mon admiration. Il y a donc un principe, duquel toutes les parties de la Nature tiennent leurs rapports, & leur harmonie. Ce principe eft donc une intelligence, qui préfide à tout, qui difpofe & dirige tous les événemens; c'eft un efprit qui par l'efficace incompréhenfible de fa volonté donne l'exiftence, la durée, la force & toutes les perfections aux Etres, dont l'Univers eft compofé. Ici mon ame éperdue fe trouve fur les bords du redoutable abîme de l'infini. Je vois, je fens, avec une religieufe frayeur, l'exiftence de L'ETRE DES ETRES. Il vit, il agit en moi. Que ferois-je fans lui ?

Que pourrois-je sans son secours ? Moi, qui ne sçaurois révoquer en doute, que je n'existe pas de tout tems, & que je ne me suis point donné l'existence à moi-même !

Quels sentimens doivent s'élever dans mon ame pour un Etre qui épuise les idées que je puis me faire de toutes les perfections possibles ? Admiration, vénération, adoration la plus profonde, tout cela est encore trop foible de beaucoup, pour exprimer les devoirs que m'imposent mes relations avec ce souverain Etre. Mais moins je suis en état de lui offrir des hommages dignes de lui, des biens qui parviennent jusqu'à lui, plus je veux le servir avec sincérité & avec ardeur. Je ne prétends pas me rendre coupable d'une perverſité auſſi odieuſe, auſſi abominable, que celle d'être indifférent, inſenſible, ingrat envers un Etre, duquel je tiens mon propre être, & tout ce que j'ai de biens & de perfections.

Ma petiteſſe me ſaiſit d'épouvante, quand je la compare à l'immenſité de la Nature ; mais cette épouvante redouble, lorſque je penſe à l'infinité de Dieu. Ce tourbillon ſolaire eſt un grain de ſable. Cette terre eſt un atôme de pouſſiére, un point. Et moi, ſur cette terre, que ſuis-je ? Encore ce qui me releve un peu de cet anéantiſſement, c'eſt que je découvre, qu'il y a de l'ordre dans l'Univers, que j'entre dans le plan
de

de cet ordre, & que par-là je remonte jusqu'à l'ordre primitif, jusqu'au premier plan, qui a servi de modéle au Créateur, & auquel j'appartiens. Que dis-je? Cette considération m'éleve, autant que la premiére avoit paru m'abaisser. Je suis une piéce nécessaire à l'existence & à la liaison de l'Univers, j'ai même cette grande prérogative sur plusieurs autres parties du même tout, que je connois le systême, dans lequel je suis placé, & que je suis en état d'affermir & d'étendre de plus en plus cette noble connoissance. Je suivrai donc une route qui peut me conduire à la plus haute élévation, & je ferai de continuels efforts pour m'approcher du but. Je ne m'arrêterai point que je n'aye puisé la beauté jusques dans sa premiére source. Là se trouvera, & peut uniquement se trouver, le repos de mon ame. Là toutes ses facultés auront atteint leur dévélopement, tous ses désirs auront obtenu leur rassasiement. Inondée de la lumiere divine, absorbée dans la religieuse adoration des perfections suprêmes, elle verra s'évanouir tous les autres objets, elle oubliera ces objets, & s'oubliera elle-même.

Je reconnois ici de maniére à n'en pouvoir douter, que cette intelligence qui gouverne tout, ne sçauroit avoir d'autre dessein, que de donner à chaque être le dégré de bonté, qui convient à son espéce, & à ses relations avec le tour. C'est à ce point qu'aboutissent toutes les Loix, que Dieu a établies. C'est le centre invariable de tous les mouvemens des corps, & de tous les désirs originaires des esprits. Ce sentiment si fort du bien & du mal, du juste & de l'injuste, que j'ai découvert en moi, procéde de l'Etre, qui déploye son influence efficace sur toutes choses. C'est donc une voix divine, c'est la voix éternelle de la vérité, qui parle au dedans de moi.

Possédant un Docteur, un Législateur si respectable dans ma conscience, je suis assurément dans l'obligation la plus étroite de prêter une oreille attentive aux discours qu'il ne cesse de prononcer distinctement au fonds de mon ame, je dois les regarder, non-seulement comme des conseils & des leçons, mais comme des ordres & des loix. La sagesse & la droiture constante, qui y régnent, me démontre que c'est l'unique route qu'il faille suivre, l'unique moyen de me conformer à l'ordre universel, autant que ma capacité & l'étendue de mes facultés le permettent. Rien ne peut me donner un véritable prix, rien ne peut me placer dans une heureuse harmonie avec la constitution primitive de ma Nature, & les vûes du gouvernement divin, que la RECTITUDE intérieure. C'est à cela seul que Dieu prend plaisir; & ce fondement de son approbation est aussi éternel, aussi immuable, que son essence.

Mon ambition pourroit-elle se proposer de plus grand objet, que de plaire à celui duquel découlent tous les biens ? Y auroit-il quelque chose qui pût me flatter d'avantage, que la pensée d'être vû par cet Etre qui embrasse du même coup d'œil tous les mouvemens de plusieurs milliers de mondes, tous les sentimens de plusieurs millions d'intelligences, d'être vû, dis-je, & démêlé par cet Etre, au milieu de cette multitude immense, & de jouir du glorieux privilége de son approbation ? A présent les jugemens des créatures, fussent-elles réunies toutes ensemble, n'ont plus rien qui puisse me causer la moindre inquiétude. Si les hommes me refusent leurs suffrages, les Grands leur faveur, les petits leurs égards, à moins que je ne me détourne de la voye royale de la vérité & de la justice, je renonce pour jamais à les obtenir à ce prix; ils ne méritent pas que je fasse un seul pas, ou que je prenne le moindre détour. Le mortel le plus orgueilleux, avec toute l'enflure de son arrogance, le séducteur le plus dangereux, avec tout le leurre de ses promesses, le tyran le plus barbare, avec tout l'effroi de ses ménaces, ne me feront point renoncer à mes principes. Tout ce qu'ils veulent me donner, tout ce qu'ils peuvent m'ôter, n'est d'aucun prix en comparaison de ce que je perderois, si je cédois à leurs instances. Une fois sorti de la régle éternelle de la justice & de l'ordre, peut-être n'y pourrois-je jamais rentrer; & alors, quelque brillant que pût être mon sort pendant quelques instans de ma durée passagere, l'issue en seroit infailliblement un opprobre sans fin. Je ne me trouverai jamais grand, tant que je serai assez malheureux, pour déplaire à l'arbitre suprême de toutes choses.

Les grandeurs humaines sont inquiétes ; la solide grandeur a pour compagne inséparable la parfaite tranquillité. Mon soutien, mon défenseur, l'Etre qui veille fur moi, & pour moi, c'eſt celui qui veille ſur tout. Les marques de ſa ſageſſe & de ſa bonté ſont ſi viſiblement répandues par tout, qu'elles m'inſpirent une ferme confiance, une perſuaſion inébranlable, qu'il ne fera, ni ne permettra jamais rien, qui répugne aux fins de ſes Ouvrages, c'eſt-à-dire, au vrai bien de ſes créatures. Dans ſa main ſeule eſt mon ſort; & ſi je ne me ſouſtrais pas volontairement aux ſalutaires effets de ſa bonne Providence, en abandonnant les régles invariables du vrai & du bon, aucune cauſe étrangere ne peut porter atteinte à ma félicité. Tant que le Juge qui a ſon Tribunal au dedans de moi, ne me condamnera pas, il ne ſçaufoit m'arriver aucune adverſité réelle, aucune cataſtrophe accablante.

Tout eſt énigmatique pour moi dans le monde; je l'avoue. Je ne vois que la ſurface des Etres; & leur intérieur, leur eſſence, ſe dérobe également à mes ſens & à mes réflexions. Les plus longues, les plus pénibles, les plus profondes recherches, ne me menent qu'à des conjectures, ingénieuſes, hardies, mais rarement heureuſes. Tout va ſe perdre dans l'infini. Vais-je donc rentrer dans l'état de confuſion & d'incertitude dont je croyois m'être délivré? Vais-je de nouveau, ſans Pilote & ſans Bouſſole, ſans rames mêmes & ſans voile, voguer au gré de l'erreur &

du doute ? Mais que cherchai-je ? & qu'ai-je besoin de sçavoir au-delà de ce que je sçais ? Ne connois-je pas mes devoirs & ma dépendance à l'égard d'un Supérieur, dont l'infinie bonté s'est manifestée de la maniére la plus incontestable ? Avec cette connoissance, je puis me passer de toutes les autres ; elles n'ont même de prix, qu'autant qu'elles s'y rapportent. Je ne serai point embarrassé, déconcerté, si je me trouve quelquefois dans des circonstances, dont je ne sçaurois prévoir les suites & le dénouement ; pourvû que je ne m'écarte jamais de mon grand but, je puis me reposer de tout le reste sur l'administration d'un Etre, qui voit tout soumis à la volonté, & dont la volonté est toujours bonne. Guidé par sa Providence, je me démêlerai heureusement des situations les plus compliquées de cette vie, je franchirai hardiment les pas les plus redoutables, je ne broncherai point au milieu de l'obscurité la plus épaisse, j'attendrai sans impatience & sans murmure le moment lumineux qui doit la dissiper.

Mais quand viendra-t-il, ce moment désiré? Je suis attentivement le fil de ma destinée, depuis l'instant de ma naissance jusqu'à celui de mon trépas, & je n'apperçois rien qui puisse délier le nœud. Ici la mort termine les jours malheureux de la vertu opprimée; là elle couche dans le tombeau l'orgueilleux coupable, rassasié de biens & de crimes. N'y a-t-il pas là dedans une contradiction manifeste à cet ordre, dont je m'étois formé de si belles idées, & qui faisoit le fondement de mes plus cheres espérances ? Les régles immuables de la Justice permettent-elles qu'une ame, qui est actuellement dans l'ordre, qui est ce qu'elle doit être, demeure privée des conséquences heureuses & naturelles de sa droiture intérieure, & qu'une puissance maligne, en la privant de cette récompense, la seule qu'elle désire, fasse couler des flots d'amertume, où devroient se répandre des torrens de délices ? Est-il convenable qu'une ame sainte, juste & bonne, qui n'a mérité que d'être heureuse, serve de jouet à la malice, soit en bute aux persécutions, se voye condamner par l'injustice, se consume dans les horreurs de la misére & du mépris, & finisse quelquefois cette déplorable carriére entre les mains de Bourreaux impitoyables ? Peut-on soutenir le paralelle entre cet état & celui du vice triomphant, de la perfidie & de la trahison, récompensées par les situations les plus brillantes, & les plus fécondes en plaisirs ?

*Pardonne, Dieu puissant, pardonne à ma
  foiblesse,*
A l'aspect des méchans, confus, épouvanté,
Le trouble m'a saisi, mes pas ont hésité.
Mon zéle m'a trahi, Seigneur, je le confesse,
  En voyant leur prospérité.

Cette mer d'abondance, où leur ame se
 noye,
Ne craint, ni les écueils, ni les vents rigou-
 reux ;
Ils ne partagent point nos fleaux doulou-
 reux :
Ils marchent sur les fleurs, ils nagent dans
 ta joye.
Le sort n'ose changer pour eux.
Ah ! c'est donc vainement qu'à ces ames
 parjures
J'ai toujours refusé l'encens que je te dois,
C'est donc en vain, Seigneur, que m'atta-
 chant à toi,
Je n'ai jamais lavé mes mains simples &
 pures
Qu'avec ceux qui suivent ta Loi.

Ne cherchons plus de proportions, ni d'harmonie; tout se perd
& se confond ici. L'ordre dégé-
nere en confusion; la perfection

perd tous ses caractéres, la beauté tous ses traits.

Non, il n'est pas possible que le gouvernement actuel des choses doive demeurer éternellement sur le même pied. Il faut de toute nécessité qu'aux relations actuelles des Etres, il en succéde d'autres, dussai-je n'en acquérir une idée claire qu'en sortant du cercle étroit de cette vie. Il faut qu'il arrive un tems, où chacun sera mis à sa place, & pourvû de ce qui lui convient; où tout ce qui paroît ici bas déplacé, ou renversé, sera rétabli & redressé; où les proportions se retrouveront avec le dernier dégré d'exactitude, pour ne plus varier; où tout en un mot servira à manifester la gloire du Créateur, & à procurer le bonheur des créatures. La discordance actuelle cesse d'être un défaut, dès là qu'elle doit se terminer & se résoudre dans l'harmonie la plus complette.

L'avenir, le redoutable, ou plutôt le consolant avenir, s'entr'ouvre ici à mes regards. Mon ame jusqu'à présent à l'étroit, & presque suffoquée par l'extrême proximité de ces objets présens, auxquels elle étoit obligée de se borner, mon ame respire; elle sent une espéce de dégagement, une liberté naissante, qui lui donne, pour ainsi dire, une nouvelle vie, un nouvel être. L'enceinte de mes espérances s'étend avec celle de mes vûes, le vrai systême de l'Univers acheve

acheve de se débrouiller, je puis me promettre d'en découvrir peu à peu la grandeur & la beauté. Je vois avec consolation des tems, qui, quelque éloignés qu'ils paroissent, ou même qu'ils soient, sont néanmoins intimement liés à celui où j'existe; des tems où la semence que je jette actuellement, & qui semble périr, produira la moisson la plus abondante; des tems, où la sagesse, qui dispense tout, se justifiera hautement, & confondra toutes nos téméraires accusations.

Le fondement de cet état futur existe déja en moi, il est solidement posé dans ma nature. J'ai des facultés susceptibles d'accroissement à l'infini, & qui peuvent également s'exercer, lorsque l'union de mon ame & de mon corps cessera. Cette connoissance, cet amour du vrai & du bon, prendroient-ils fin, lorsqu'ils ont à peine commencé, ou lorsqu'une heureuse habitude les a disposés à se développer, & à se perfectionner ? Une ame qui ne peut passer que pour ébauchée, auroit-elle rempli toute sa destination ? De pareils hors-d'œuvres qui ne sçauroient se rencontrer dans le plan d'une sagesse infinie.

Mais, dès que je suis une fois assuré, que le grand Auteur de toutes choses, qui n'agit jamais que suivant les régles les plus sages, & les vûes les plus excellentes, ne sçauroit avoir aucune raison qui le porte à m'anéantir, je ne crois pas avoir le moindre sujet d'appréhender aucune autre sorte de destruction. Ma propre Nature, ma constitution intrinseque, me met en pleine sûreté à cet égard. Quand je m'examine attentivement moi-même, je trouve que je suis UN dans le sens le plus rigoureux. Ces membres, ces organes, qui composent mon corps, ce n'est pas MOI : je sens de la maniére la plus distincte qu'ils différent de MOI. JE suis proprement, ce qui pense en moi, ce qui juge & raisonne; & ce MOI n'est assurément rien qui soit formé par l'assemblage de plusieurs parties différentes, & qui puisse se résoudre par la dissolution de ces parties. Ce MOI, qui reçois l'impression de la lumiére, suis le MOI, qui sens en même-tems l'action de la chaleur, l'odeur d'une fleur, qui entends le son de la voix de celui qui me parle, & qui comparant toutes ces sensations entr'elles, donne la préférence à l'une sur les autres. Je suis intimement convaincu, que nous ne sommes pas plusieurs MOI, dont l'un reçoive une impression, l'autre une autre, & qui se les communiquent réciproquement, en sorte qu'il en résulte un MOI composé. Mes lumiéres à la vérité ne vont pas jusqu'à expliquer comment tout cela se passe ; mais je sçais tout aussi peu, en quoi consiste ces Etres extérieurs corporels, visibles, dont j'ai les représentations par la voye des sens. Tout au moins ME connois-je mieux moi-même que toute autre chose ; & mes réflexions précédentes me mettent en droit de conclurre avec une confiance raisonnable, que ce que j'appelle proprement MOI, n'est pas nécessairement assujetti à la destruction, qui réduit mon corps en poussiére.

Combien cette magnifique espérance ne réhausse-t'elle pas mon prix & ma destination ? Je reconnois à présent que j'appartiens à une classe d'Etres, toute différente de ceux que je vois naître, s'accroître & périr sont mes yeux ; & que cette durée visible de ma vie présente n'épuise point tout le but de mon exiftence. Je fuis donc fait pour une autre vie. Le tems de celle-ci n'eft que le commencement de mon Etre ; c'eft ma premiere enfance, où je reçois l'éducation, qui doit me conduire à l'éternité ; c'eft un tems de préparation & d'apprentiffage, pour me former à un nouvel état plus excellent.

Cette notion de ma Vie véritable & totale, m'apprendra la jufte eftimation que je dois faire de celle-ci. Je n'oublierai jamais la difproportion qu'il y a entre les quatre jours que j'ai à paffer ici bas, & l'éternité, pendant laquelle je fuis appellé à vivre. Les bons & les mauvais fuccès, qui ne fe rapportent qu'aux affaires du monde, considérés sous ce point de vûe, perdent toute leur force. Distinctions, gloire, puissance, victoires & triomphes, Couronnes & Sceptres, ne sont qu'un jeu momentané des vanités humaines, qui s'engloutissent sans retour dans la nuit du tombeau. M'abaisserois-je jusqu'au point d'y chercher les solides principes de ma véritable grandeur ? Cela seroit trop petit pour une ame, dont la durée & les sentimens doivent se prolonger & s'augmenter à l'infini. Dans moins d'un siécle il ne restera aucun de ces objets qui puisse contribuer à ma perfection & à mon contentement; trop heureux seulement, si je puis alors en rap peller le souvenir sans remords

& sans honte, y penser, comme je fais aujourd'hui aux amusemens de mon enfance.

En suivant les mêmes principes, à quoi se réduisent aussi les adversités de cette vie ? Irai-je me chagriner des incommodités d'un court voyage, qui me conduit à ma Céleste Patrie au Royaume de la Lumiére & de la Vérité, où je contemplerai de près le Bien par excellence, où je puiserai à la source de tous les Biens, où le sentiment immortel de la Joie la plus pure & la plus vive me dédommagera magnifiquement du petit nombre de souffrances, la plûpart bien méritées, auxquelles je puis avoir été exposé.

J'apperçois qu'il est de la dernière importance pour moi, que ces idées demeurent continuellement préfentes à mon efprit. Je ne veux donc m'accoûtumer à ne confidérer jamais l'Eternité & la vie préfente que cemme un même Tout, à les lier étroitement enfemble dans toutes mes actions, à penfer fur chaque objet de la même manière que je penferai dans la vie à venir, ou du moins au dernier moment de celle-ci, & à regarder une ame foumife aux Loix de l'Ordre, & fidéle aux maximes de la Vertu, comme la feule qui conferve fon prix & fon bonheur dans l'un & dans l'autre de ces états.

J'efpére que ces idées me mettront infenfiblement dans une fituation d'esprit, qui me fera envisager d'un œil intrépide, sans ces vives agitations de crainte & de désirs ordinaires aux hommes, toutes les révolutions & les vicissitudes perpétuelles de ce monde. Les Biens & les maux apparans auront beau déployer leur action sur moi; je ne permettrai pas qu'ils la pouffent au-delà de sa force réelle. Cela répandra une uniformité constante sur toute ma vie; je serai toujours égal à moi-même. Je coulerai mes jours en paix, & je les verrai finir avec joie. Sur-tout je m'affermirai d'une façon inébranlable par rapport à ce dernier acte de la vie, qui tire le rideau sur les objets visibles, pour ouvrir la Scéne de l'Eternité. Je regarderai ma sortie du Théâtre de ce Monde, comme un événement qui peut arriver au moment même que j'y pense, & je me familiariserai avec cette idée si redoutable aux ames vulgaires. C'est sans contredit un état bien misérable & bien digne de compassion, que l'état de ces hommes, qui ne sçauroient penser à ce grand & inévitable pas, sans être saisi d'effroi. Aussi ma principale attention a-t'elle été de me délivrer de cette honteuse foiblesse, & j'ai eu le bonheur d'y réussir. Tous mes arrangemens sont pris de maniére, que le souvenir, que les approches même de la Mort, ne sçauroient porter la moindre atteinte à ma satisfaction, à ma joie habituelle. Oui, cet aspect n'a rien qui puisse m'étonner, encore moins m'affliger; puisque la Mort, lorsqu'elle viendra, ne peut m'enlever aucune des choses dans lesquelles j'ai placé mon bonheur, mais qu'il faut nécessairement qu'elle en perfectionne la jouissance, & qu'elle en augmente le nombre.

L'heureuse influence que cette grande idée de ma destination future a sur l'état de mon ame, & sur la conduite de ma vie, me feroit souverainement craindre qu'elle pût se trouver illusoire & fausse. Il m'importe tellement qu'elle soit vraye, qu'en la perdant, je pers tout. Mais je n'ai rien à craindre à cet égard. Je cherchois la certitude & la conviction ; j'y suis arrivé. Je puis désormais nourrir mon ame de l'idée consolante que j'ai à vivre dans un autre état, où je ne dois m'attendre qu'à toute sorte de bien, par une suite de la nature même des choses, & de la dispensation adorable de la souveraine Sagesse ; ensorte qu'un jour pleinement affranchi des Vanités & des Miséres de cette vie, je m'unirai pour toute l'Eternité à la source des perfections ; je savourerai la Volupté la plus pure, celle qui s'accorde avec mes penchans vrais & naturels, j'arriverai en un mot, à ce grand but, auquel la Nature & son Auteur, qui est le mien, m'avoient destiné, c'est l'union de la Vertu & de la Félicité. Y auroit-il un autre Système du vrai Bonheur ?

FIN.

www.ingramcontent.com/pod-product-compliance
Lightning Source LLC
LaVergne TN
LVHW050631090426
835512LV00007B/785